AF628142

Petra Rehbichler

Fit SNACKS

einfach · schnell · gesund

RÆTIA

Inhaltsverzeichnis

REZEPTE

L Laktosefrei G Glutenfrei V Vegan

MÜSLIRIEGEL

GEBACKENE RIEGEL

NO-BAKE-RIEGEL

REZEPTE

L Laktosefrei G Glutenfrei V Vegan

ENERGIEKUGELN

REZEPTE

L Laktosefrei G Glutenfrei V Vegan

HERZHAFTE SNACKS

KNUSPERMÜSLI, SCHOKOLADIGES & CO.

VORWORT

Jürgen Pfitscher

INHABER DER FRANZISKANERBÄCKEREI

Als ich Petra, der Autorin dieses Buchs, zum ersten Mal begegnet bin, haben mich ihr sympathisches Wesen und ihre positive Ausstrahlung sofort fasziniert. Nach und nach lernte ich sie als bodenständige junge Frau mit vielseitigen Interessen und Hobbys kennen.
Schon bald habe ich erfahren, dass das Thema Ernährung für Petra ein großes Anliegen ist und dass sie sich ausführlich damit auseinandersetzt. Eine Gemeinsamkeit zwischen der „Hobbybäckerin" Petra und mir, dem Bäckermeister, ist dabei die Herstellung von Naschwerk, Snacks, Zwischenmahlzeiten usw. Das hat uns Stoff für viele Gespräche geliefert, bei denen ich immer wieder beeindruckt war. Petras lebensbejahende Einstellung und der Ehrgeiz, mit dem sie sich dem Thema widmet, machen sie zu einer ungemein authentischen Person. Und nicht nur das: Von ihren Versuchen und Erfahrungen habe ich eine ganze Menge gelernt!
Petra eröffnete mir eines Tages, dass auf ihrer persönlichen To-do-Liste für die Zukunft auch eine Buchveröffentlichung stand – und zwar zu dieser ihrer Leidenschaft, dem Backen und Naschen. Spontan bot ich meine Unterstützung an, denn das Projekt „FitSnacks" überzeugt mich voll und ganz. Ich fühle mich geehrt, dass Petra mein Angebot angenommen und mich um dieses Vorwort gebeten hat.
Ihnen, liebe Leserinnen und Leser, wünsche ich viel Freude mit den Rezepten in diesem Buch und Petra den Erfolg, den sie sich verdient!

VORWORT

Carina Berry

INFLUENCERIN

Als Fitness Food Bloggerin liegt es mir besonders am Herzen, meine Follower mit gesunden, aber auch leckeren Rezepten zu versorgen. Dabei stehen die Einfachheit und schnelle Umsetzbarkeit sowie der Geschmack immer an erster Stelle: Dinge, die Petra auf jeden Fall genauso schätzt wie ich. Deshalb freut es mich sehr, dass ich in ihrem Buch zu Wort kommen darf.

Snacks sind in meinen Augen die größte Kalorienfalle im Alltag. Sie bieten aber gleichzeitig die meisten Möglichkeiten, einen positiven Einfluss auf die eigene Ernährung auszuüben. Mit einem gesunden Snack kann man seinem Körper viele wertvolle Nährstoffe zuführen, mit einem schlechten hingegen die täglichen Kalorien extra, die dann Übergewicht verursachen. Man sollte seine Snacks also weise auswählen und Petra macht uns das mit ihren FitSnacks perfekt vor.
Sie zeigt, wie man schnell und einfach gesunde Kleinigkeiten für den Alltag zubereiten kann – und das ist so wertvoll! Niemand will lange in der Küche stehen oder sich täglich neue Kreationen ausdenken müssen. Mit „FitSnacks" erhält man also ein Handbuch für einfache On-the-go-Snacks, die für die eigene Fitness ideal sind und den Alltag erleichtern.
Petras enorme Leidenschaft für das Thema gesunde Ernährung macht es zu einer wahren Freude, von ihr zu lernen.

EINLEITUNG

Du hast Heißhungerattacken? Schleckst ständig zwischen den Hauptmahlzeiten? Willst dich gesund und ausgewogen ernähren? Weißt nicht, was du deinem Kind zur Jause zubereiten sollst? Du brauchst Snacks fürs Büro? Oder treibst Sport und brauchst einen Energieschub? Du willst auf langen Autofahrten nicht auf Raststätten-Essen zurückgreifen? Möchtest dich fit und aktiv fühlen?

Meine tägliche Erfahrung als Lehrerin mit den ungesunden Jausen vieler Kinder hat mich schockiert. Brot mit Schokoladenaufstrich, Semmel mit Schinken oder Salami, handelsübliche Müsliriegel, Kekse, Brioches und Kinderschnitten waren so die gängigsten. Gemeinsam mit den Kindern setzte ich mich längere Zeit mit dem Thema Ernährung auseinander. Wir entdeckten in Zusammenarbeit mit der Fachschule für Hauswirtschaft und Ernährung Haslach die „fünf Freunde": Vitamini, Minerali, Kalzi, Ballasti und Tropfi (Wasser), bereiteten uns gesunde Jausen zu und lernten die Ernährungspyramide kennen. Das gemeinsame Kochen machte den Kindern besonders Spaß und wurde deshalb immer wieder in den Unterricht eingebaut - natürlich gehörten auch das Aufräumen und der Abwasch dazu. Diese Aktionen und Projekte weckten auch das Interesse der Eltern und ich bekam viele positive Rückmeldungen. Dies bestärkte mich, daran weiterzuarbeiten, und so sammelten sich im Laufe der Jahre einiges an Material und viele Rezepte an.

Privat stellte ich 2015 meine Ernährung und den Bewegungsalltag komplett um. Dazu inspirierte mich die australische Fitnessikone Kayla Itsines. Durch ihre E-Books lernte ich das „Clean Eating" kennen, was so viel wie „sauberes Essen" bedeutet. Dies heißt nicht, dass man dadurch abnimmt, sondern dass man sich gesünder ernährt, denn man beschränkt sich auf natürliche, unverarbeitete Zutaten und verzichtet größtenteils auf industriell hergestellte Lebensmittel. Ich setzte mich auch mit den empfohlenen Portionsgrößen auseinander und mit den Makro- und Mikronährstoffen. Mit dem Ernährungsplan, der

aus drei Mahlzeiten und zwei Snacks pro Tag bestand, kam ich sehr gut zurecht: Ich hatte keine Heißhungerattacken mehr und fühlte mich den ganzen Tag über aktiv und fit. Was mich auch beeindruckte, war, dass es mir leicht fiel, jeden Tag alle Nahrungsgruppen (Getreide, Gemüse und Hülsenfrüchte, Obst, Milchprodukte, Proteine, gesunde Fette und Flüssigkeit) zu mir zu nehmen. Ich hatte niemals das Gefühl, auf etwas verzichten zu müssen.
Eine weitere Umstellung war „Meal Prep". Ich investierte jeweils einen Abend, um mir meine Mahlzeiten für die nächsten Tage vorzubereiten. So musste ich mir dann bei Bedarf mein Essen nur noch wärmen. Dadurch sparte ich mir viel Zeit und Gedanken und geriet nicht in Versuchung. Der Kuchen in der Konditorei wurde durch einen frisch gepressten Orangen-Karotten-Saft ersetzt und auf Alkohol verzichte ich seitdem nahezu gänzlich. In jener Zeit bereitete ich mir zum ersten Mal Energiekugeln und Müsliriegel zu und war erstaunt, wie gut sie schmeckten und wie lange sie mich sättigten. Meine Erfolge waren sichtbar und spürbar. Im Jänner 2015 war ich mit einem Körpergewicht von 63 kg und einem Muskelanteil von 34,5 Prozent gestartet. Ich trainierte sechsmal wöchentlich, davon waren drei Trainingseinheiten der Ausdauer und drei dem Muskelaufbau gewidmet. Nach drei Monaten bemerkte ich zwar einen Unterschied, die Waage zeigte aber immer noch 61 kg an mit 34,9 Prozent Muskelmasse. Dies war der Zeitpunkt, wo ich meine Ernährung erneut umstellte, indem ich Schokolade, Butter, Sahne und Zucker wegließ. Mitte Juni sah man dann deutliche Unterschiede auf der Waage: 57,2 kg und 36,1 Prozent Muskelanteil.

Durch die Umstellung meines Alltags im Bereich Sport und Ernährung gelangte ich zu einem besseren Körperbewusstsein und lernte auf meinen Körper zu hören. Gesunde und ausgewogene Ernährung wurde mir zur Gewohnheit, ich bekam ein Gefühl für Portionsgrößen und mir wurde die Wichtigkeit einer ausreichenden Proteinzufuhr bewusst.
Meine Rezepte für Snacks spiegeln diese Entwicklung wider: Sie helfen, immer eine gesunde Alternative bereitzuhaben, wenn man zwischen den Hauptmahlzeiten hungrig wird. Sie bringen Abwechslung in den Ernährungsalltag und helfen dabei auch noch Geld zu sparen. Und letztlich führen sie dazu, dass man sich fitter fühlt.

Ich wünsche dir viel Spaß beim Ausprobieren der Rezepte, viele Genussmomente und Geschmacksexplosionen und mehr Bewusstsein für deine Ernährung. Denn du bist, was du isst.

FAQ

WARUM RIEGEL UND ENERGIEKUGELN SELBST MACHEN?

Man ist, was man isst! Riegel und Snacks aus dem Supermarkt schmecken zwar meist, beinhalten allerdings künstliche Süßstoffe, Konservierungs- und Feuchthaltemittel sowie gehärtete Fette. Zudem sind sie mitunter recht teuer. Ich bevorzuge es, mir meine Riegel selbst zu backen, da ich so die Zutaten verwenden kann, die ich am liebsten mag. Außerdem weiß ich so, was ich esse, und süße je nach Belieben mit gesünderen Alternativen zu Zucker. Probier es aus! Du wirst sehen, es ist super einfach und du benötigst nur wenige Zutaten. Die Industrie-Riegel werden dir dann wahrscheinlich nicht mehr schmecken.

KANN MAN MIT DIESEN SNACKS ABNEHMEN?

Um abzunehmen, muss man weniger Kalorien zu sich nehmen, als man verbraucht. Da in meinen Snacks viele Ballaststoffe und langsam verwertbare Kohlenhydrate enthalten sind, bleibt der Insulinspiegel konstant, man ist länger satt und bekommt keine Heißhungerattacken. In diesem Sinne können die Snacks beim Abnehmen helfen. Natürlich heißt das nicht, dass man unbegrenzt davon naschen darf. Auch hier macht es die Menge!

WAS IST SUPERFOOD?

Für Superfood gibt es keine wissenschaftliche Definition. Man spricht aber im Allgemeinen von Lebensmitteln mit vielen Vitaminen, Mineralien und Antioxidantien. Nicht nur Goji-Beeren, Chiasamen oder Açai zählen zum Superfood, sondern auch Avocado oder heimische Beeren, Nüsse und Samen. Statt Chiasamen kann man etwa Leinsamen verwenden, die auch Omega-3-Fettsäuren, viel Eisen, Magnesium und Ballaststoffe enthalten. Dunkle Beeren und Kirschen sind ebenso antioxidativ wie die Açaí und die Aroniabeere. Auch die schwarze Johannisbeere hat viel Vitamin C und ist zudem als Saft erhältlich.

SIND DIESE SNACKS LOW CARB?

Nein, da muss ich dich enttäuschen. Kohlenhydrate gehören wie Proteine und Fette zu den Makronährstoffen und werden vom Körper täglich in größeren Mengen gebraucht. Kohlenhydrate versorgen den Körper mit Energie und machen ihn leistungsfähig. Auf Kohlenhydrate zu verzichten, wird zwar in vielen Diäten angepriesen, ist aber über längere Zeit weder einhaltbar noch gesund.

WIE KANN ICH ABNEHMEN?

Um abzunehmen, gilt die Regel, weniger Kalorien zu sich zu nehmen, als man verbraucht. Dazu muss man erstmal ausrechnen, wie viele Kalorien man täglich aktiv und in Ruhe verbrennt. Dieser Wert hängt von vielen Faktoren ab, etwa vom Geschlecht, Alter und Gesundheitszustand, von der Körpergröße, vom Gewicht und natürlich von der täglichen Bewegung. Ganz grob kann man sagen: Frauen haben einen täglichen Kalorienbedarf von 1.800 bis 2.000 Kalorien, Männer von 2.100 bis 2.500 Kalorien.

Als nächster Schritt bietet es sich an, ein paar Tage lang genauestens aufzuschreiben, was man in welchen Mengen isst und trinkt. Anhand dieser Mengenangaben kann man sich die aufgenommenen Kalorien mithilfe eines Kalorienrechners errechnen. Um gesund abzunehmen, sollte man täglich etwa 500 Kalorien weniger zu sich nehmen, als man verbraucht. Das sind 3.500 eingesparte Kalorien in einer Woche. Um 1 Kilogramm Fett abzunehmen, müssen 7.000 Kalorien weniger konsumiert werden.

Der Kaloriengehalt der Makronährstoffe ist folgender: 1 g Kohlenhydrate liefern, ebenso wie Proteine, 4,1 kcal. 1 g Fett entspricht hingegen 9,1 kcal und 1 g Alkohol enthält 7,4 kcal. Hab also keine Angst vor Kohlenhydraten: Sie haben gleich viel Energie wie Proteine.

WARUM IST DIE TÄGLICHE PROTEINZUFUHR SO WICHTIG?

Proteine oder Eiweiße sind die Baustoffe des Körpers und zählen zu den Makronährstoffen. Eiweiße bestehen aus Aminosäuren, von denen es 20 verschiedene gibt. Allerdings kann unser Körper neun davon nicht selbst herstellen. Diese neun werden essenzielle Aminosäuren genannt und müssen über das Essen zugeführt werden. Proteine sind für den Aufbau und die Regeneration notwendig und für die Hormon- und Enzymproduktion verantwortlich. Eier, griechischer Joghurt, Magerquark, Hähnchenbrust und Linsen sind beispielsweise wertvolle Lieferanten für Proteine.

WIE VIEL PROTEIN BRAUCHE ICH TÄGLICH?

Empfohlen werden 0,8 Gramm Protein pro Kilogramm Körpergewicht, wenn man nicht trainiert. Wer Krafttraining macht, sollte täglich 1,2 Gramm Protein pro Kilogramm Körpergewicht zu sich nehmen. Und wer Muskeln aufbauen und schnell regenerieren möchte, hat einen Proteinbedarf von ca. 1,6 Gramm pro Kilogramm Körpergewicht. Eine Person, die 60 Kilo wiegt, sollte daher – je nach Ziel – täglich ca. 48, 72 oder 96 Gramm Protein zu sich nehmen. Um auf diesen Proteinbedarf zu kommen, sollte jede Mahlzeit Proteine enthalten.

WAS IST PROTEINPULVER?

Proteinpulver ist ein Nahrungsergänzungsmittel. Wie der Name schon sagt, soll es die Nahrung ergänzen und nicht ersetzen. Es gibt unzählige Hersteller, Geschmacksrichtungen und Qualitäten. Das Protein in Proteinpulvern wird außerdem aus verschiedenen Quellen gewonnen. Grob unterscheidet man zwischen tierischen und pflanzlichen Proteinen. Zu den tierischen Proteinen zählen das Casein-, das Ei- und das Molkenprotein (Whey). Bei den pflanzlichen Proteinen wird zwischen Sonnenblumen-, Erbsen-, Reis- und Hanf-Protein unterschieden. Veganer greifen häufig auf pflanzliche Proteinpulver zurück, um ihren Proteinbedarf decken zu können.

WELCHES PROTEINPULVER IST DAS BESTE?

Welches Proteinpulver man verwendet, hängt von den eigenen Geschmacksvorlieben, eventuellen Allergien und dem Ziel ab. Es empfiehlt sich, auf die Qualität der Zutaten zu achten, auf den Zuckergehalt und darauf, wie leicht sich das Pulver auflösen lässt. Ich benütze seit Jahren die Produkte von foodspring®, da mich Qualität, Geschmack, Löslichkeit und das Preis-Leistungs-Verhältnis überzeugen.

WAS IST CBD?

CBD ist die Abkürzung für Cannabidiol und einer der zwei Hauptwirkstoffe der Cannabispflanze. Allerdings wirkt es nicht berauschend und ist somit auch keine Droge. Dieses Hanfextrakt soll eine beruhigende und angstlösende Wirkung haben. Es schmeckt fein nussig und eignet sich somit perfekt zum Aromatisieren von Speisen. Ich benutze das hochwertige und natürliche Hanföl des österreichischen Unternehmens Cannamigo.

WARUM ZUCKERERSATZSTOFFE?

Zuckerersatzstoffe, wie Stevia oder Erythrit, sind kalorienlos und haben eine sehr hohe Süßkraft. Sie sind zahnfreundlich und lassen den Blutzuckerspiegel nicht ansteigen, was besonders für Diabetiker interessant ist. Ich liebe das Produkt

„Stevia Süßkraft 1 : 1" des Südtiroler Unternehmens ZeroCal, da dieses keinen bitteren Nachgeschmack hat und man normalen Haushaltszucker 1 : 1 damit ersetzen kann. Ist in den Rezepten von „Süßungsmittel 1 : 1" die Rede, so meine ich einen Zuckerersatzstoff, der Haushaltszucker im Verhältnis 1 : 1 ersetzt, also dieselbe Süße besitzt.

WELCHE KÜCHENGERÄTE BRAUCHE ICH FÜR DIE REZEPTE IN DIESEM BUCH?

Für die Riegel brauchst du nur einen Backofen. Für die Energiekugeln brauchst du einen leistungsstarken Mixer, zum Beispiel den Thermomix® oder auch einen Standmixer. Für einige Rezepte empfiehlt sich ein Handrührgerät, um z.B. Eier aufzuschlagen.

EIGNEN SICH DIE REZEPTE AUCH FÜR DEN THERMOMIX®?

Für die Energiekugeln und einige Rezepte aus dem Kapitel Knuspermüsli, Schokoladiges & Co bietet sich der Thermomix® an, da er sehr leistungsstark mixt und man so in weniger als einer Minute zum gewünschten Ergebnis kommt. Für die Energiekugeln reichen 30 bis 40 Sekunden bei Stufe 5 aus. Nüsse kann man in 6 Sekunden auf Stufe 10 hacken.

ABKÜRZUNGEN

cm	Zentimeter
EL	Esslöffel
Ft.	Fett
g	Gramm
kcal	Kilokalorien
KH	Kohlenhydrate
mm	Millimeter
Msp.	Messerspitze
Prot.	Proteine
Stk.	Stück
TL	Teelöffel

Die bei den Rezepten angegebenen **NÄHRWERTE** sind Richtwerte und beziehen sich jeweils auf eine Portion (das entspricht einem Riegel, einer größeren Energiekugel, einem Brötchen usw.).

MEINE *Zutaten*

Diese Zutaten habe ich immer auf Vorrat. Ich verwende sie sehr häufig in den Rezepten, weil sie viele positive gesundheitliche Eigenschaften und eine relativ lange Haltbarkeit haben.

HAFERFLOCKEN

Haferflocken sind ballaststoffreich. Ballaststoffe unterstützen die Verdauung und halten lange satt. Außerdem zählen Haferflocken zu den eiweißreichsten Pflanzen überhaupt (14 Gramm Eiweiß pro 100 Gramm). Zudem enthalten sie viel Eisen, Zink und Biotin. Ich verwende in allen Rezepten die kernige Variante.

WALNÜSSE

Walnüsse haben zwar einen ziemlich hohen Energiegehalt, dafür aber auch viele Omega-3-Fettsäuren und Antioxidantien. Walnüsse können helfen, den Blutdruck, den Stresspegel und den Cholesterinwert zu senken. Das enthaltene Zink ist gut fürs Immunsystem. Ein regelmäßiger Verzehr kann auch die Gehirnfunktionen positiv beeinflussen. Ich bewahre die Walnüsse im Kühlschrank auf, damit sie nicht zu schnell verderben.

MANDELN

Entgegen der landläufigen Meinung sind Mandeln keine Nüsse, sondern die Kerne einer Steinfrucht. Mandeln sind sehr vielseitig und die Hauptzutat vieler Produkte, wie Marzipan, Mandelmilch oder Mandelmehl. Sie enthalten reichlich Ballast- und Mineralstoffe, Vitamin B und E sowie Beta-Karotin und Folsäure. Außerdem haben sie einen hohen Gehalt an Eiweiß. Mandelkerne mit Schale sind zu bevorzugen, da sie mehr Ballaststoffe enthalten, dadurch den Blutzuckerspiegel langsamer ansteigen lassen und länger sättigen. Durch ihre große Menge an Folsäure sind sie ein wertvolles Lebensmittel für Schwangere oder Frauen mit Kinderwunsch. Geschälte Mandeln sind, klein gekaut, übrigens ein gutes Hausmittel gegen Sodbrennen.

CASHEWKERNE

Cashews stammen vom bis zu 15 Meter hohen Cashewbaum und sind ebenfalls keine Nüsse, sondern Kerne. Beliebt sind sie für ihren mild nussigen und leicht buttrigen Geschmack. Sie sind besonders bei Vegetariern beliebt, da sie einen hohen Eiweißgehalt haben und dabei fett- und kalorienärmer sind als Nüsse. Durch die vielen ungesättigten Fettsäuren wirken sie sich positiv auf das Herz-Kreislauf-System aus und können sogar den Cholesterinspiegel senken.

DATTELN

Datteln sind gute Energielieferanten und werden auch „Brot der Wüste" genannt. Medjool-Datteln eignen sich am besten für die Rezepte in diesem Buch. Sie sind weich, angenehm süß, leicht zerkleinerbar und binden gut. Sie werden aufgrund ihrer Süße und Größe auch Königsdatteln genannt. Datteln sind im Kühlschrank bis zu sechs Monate haltbar. Durch ihre hohe Süßkraft kann man sie sparsamer als Zucker verwenden. Diese süßen Früchte enthalten viel Vitamin B und C, Eisen, Kalium und Ballaststoffe. Ich bestelle meinen Dattel-Vorrat immer bei dattelbär.at. Qualität, Geschmack und Preis-Leistungs-Verhältnis sind dort einfach ausgezeichnet.

ROSINEN

„Rosinen" ist der Oberbegriff für getrocknete Weintrauben. Dazu zählen auch Sultaninen oder Korinthen. Sultaninen werden aus hellen kernlosen Trauben gemacht und vor dem Trocknen in eine Lösung aus Pottasche und Olivenöl gedippt. Korinthen hingegen sind kleine dunkle Weintrauben. Durch den hohen Gehalt an Frucht- und Traubenzucker spenden sie sofort Energie, da sie vom Körper gut aufgenommen werden. Rosinen sollte man vor dem Backen immer für mindestens zehn Minuten in heißem Wasser einweichen, damit sie nicht anbrennen. Ich ersetze Rosinen gerne mit Cranberrys (dt. Kranbeere), um einen fruchtigeren Geschmack zu bekommen.

HONIG

Honig besteht zwar zu 80 Prozent aus Zucker, aber weil er insgesamt 200 Nähr- und Aromastoffe enthält, ist er viel wertvoller als raffinierter Kristallzucker. Neben Zucker besteht er zu 17 Prozent aus Wasser und zu 3 Prozent aus Nähr- und Aromastoffen. Die enthaltenen Enzyme, welche die Bienen durch ihren Speichel hinzugeben, wirken antibakteriell und verdauungsfördernd. Zudem enthält das „Bienengold" auch eine Vielzahl an Vitaminen, Folsäure, Magnesium, Calcium und viele andere wertvolle Elemente. Er hat weniger Kalorien als herkömmlicher Zucker, aber eine stärkere Süßkraft. Für die Verwendung in den Rezepten sollte der Honig geschmeidig und eher flüssig sein. Kristallisierten Honig kann man im Wasserbad oder in der Mikrowelle wieder verflüssigen. Allerdings ist vor allem bei der Anwendung in der Mikrowelle Vorsicht geboten, weil er sehr schnell erhitzt. Wer möchte, kann Honig 1 : 1 durch Ahorn- oder Agavensirup ersetzen. Ich bevorzuge Blütenhonig, da er weniger Eigengeschmack als Waldhonig hat.

KOKOSFETT

Kokosfett eignet sich perfekt zum Braten und Backen, da es hitzestabil ist. Sein Schmelzpunkt liegt bei 23 °C. Das heißt, bei einer Temperatur darunter ist das Fett fest, darüber wird es flüssig (Kokosöl). Die enthaltene Laurinsäure beeinflusst den Cholesterinwert positiv und kann Krankheitserreger wie Bakterien, Viren und Pilze unschädlich machen. Genauso wie jedes andere Öl sollte es nur sparsam verwendet werden. Beim Kauf ist auf gute Qualität zu achten, es sollte aus biologischer Herstellung kommen und Rohkostqualität aufweisen. In einigen Produkten finden sich nämlich zu viele Mineralöle. An einem dunklen Ort aufbewahrt, hält Kokosfett am längsten. Es eignet sich auch sehr gut zum Braten, da sein Rauchpunkt bei 200 °C liegt. Zudem kann es als feuchtigkeitsspendende Hautpflege, zum Abschminken, zur Babypflege oder als Lippenbalsam verwendet werden.

PROTEINPULVER

In einigen Rezepten verwende ich Proteinpulver. Es sorgt für eine schnelle Proteinzufuhr, was besonders nach dem Sport ideal für den Körper ist, weil es die Regeneration unterstützt. Die bekanntesten Proteinpulver sind das Molkeproteinpulver (Whey), Eiproteinpulver sowie Soja- oder Reisproteinpulver. Wer keine Unverträglichkeiten hat und sich nicht vegan ernährt, dem würde ich das Molkeproteinpulver empfehlen, da es schnell verdaut wird, einen höheren Proteinanteil und mehr essenzielle Aminosäuren aufweist als die vegane Alternative.

KAKAOPULVER

Kakaobohnen sind die Samen der grüngelben bis roten Kakaofrucht. Geschmack, Aroma und Farbe entwickeln sie erst durch Fermentation. Sie werden geröstet, die Schale wird entfernt und sie werden in mehreren Arbeitsgängen immer feiner gemahlen. Dadurch entsteht eine flüssige Kakaomasse, aus der ca. die Hälfte der enthaltenen Kakaobutter entzogen wird. Diese stark entölte Masse wird nun so lange vermahlen bis sie staubfein ist. Im Kakaopulver sind viele Mineralstoffe, wertvolle Antioxidantien sowie Theobromin enthalten, das eine leicht anregende Wirkung hat. Ich verwende in meinen Rezepten ausschließlich zuckerfreies Kakaopulver, da es einen intensiveren Geschmack hat und gesünder ist.

Müsliriegel

DER PERFEKTE *Müsliriegel*

Es gibt Müsliriegel, die man bäckt, und sogenannte No-bake-Riegel. Um aus einer Masse den typischen kastenförmigen Riegel zu formen, gibt es drei Möglichkeiten:

UNKOMPLIZIERT & ALLTAGSTAUGLICH

Die einfachste Variante ist das Backblech, das es wohl in jedem Haushalt gibt. In den Rezepten wird immer diese Variante beschrieben. Einfach Backpapier auf das Blech legen und die Masse darauf glatt streichen. Nach dem vollständigen Abkühlen bzw. nach dem Aushärten die Masse der No-bake-Riegel einfach in die gewünschte Riegel-Form schneiden.

EINFACH & SCHNELL

Mit einer flachen rechteckigen Backform bekommt man auch tolle Riegel hin. Dabei wird die Backform mit Backpapier auslegt. Eine ideale Größe wäre 22 x 15 cm.

PRAKTISCH & PERFEKT

Mit eigens dafür gedachten Silikonformen kriegt man perfekte, gleichförmige Riegel hin. Ich benutze eine Silikonform für 8 Riegel. Jeder Riegel wird 11,5 cm lang, 3,8 cm breit und 2 cm hoch. Diese Riegelformen sind für relativ wenig Geld erhältlich. In der Handhabung ist es wichtig darauf zu achten, dass die Riegel gut angedrückt werden, damit sie ihre Form auch nach dem Backen oder Tiefgefrieren halten.

TIPPS & TRICKS

Damit die Riegel nicht auseinanderbrechen, ist es sehr wichtig, die Masse immer so fest anzudrücken, dass keine Hohlräume mehr vorhanden sind.
Je kleiner die Zutaten gehackt sind, desto besser haften sie aneinander. Honig, Datteln und Eier sind die besten „Kleber".
Die Riegel immer erst in Form schneiden, wenn die Masse vollkommen abgekühlt ist.

WIE VERPACKE ICH DIE RIEGEL?

Riegel am besten in Alufolie, Butterbrotpapier oder ein Bienenwachstuch wickeln und im Kühlschrank oder in der Tiefkühltruhe aufbewahren.

WIE LANGE SIND DIE RIEGEL HALTBAR?

Gut verpackt halten Riegel im Kühlschrank mindestens eine Woche. Alle Riegel können auch tiefgekühlt werden. Die perfekte Temperatur und Konsistenz zum Genießen haben sie dann normalerweise 15 bis 30 Minuten nach dem Herausnehmen aus dem Gefrierfach.

MÜSLI RIEGEL Grundrezept

Zubereitung

1 Backofen auf 150 °C Umluft vorheizen. **2** Backblech mit Backpapier auslegen. **3** Kerne, Haferflocken, Trockenfrüchte, Nüsse und Mehl vermischen. **4** Honig und Ei schaumig schlagen und unter die Mischung heben. **5** Nach Belieben Zimt dazugeben. **6** Masse auf dem Backblech ca. 1 cm hoch verstreichen. **7** Für ca. 12 Minuten auf der untersten Schiene backen. **8** Masse abkühlen lassen und in Stücke schneiden.

TIPP Ich liebe dieses Grundrezept, da es sich so einfach anpassen lässt. Zu meinen Favoriten gehört die Kombination von Datteln, Feigen, Kürbiskernen und Walnüssen.

NÄHRWERTE ca. 262 kcal (29 g KH, 8 g Prot., 12 g Ft.)

Zutaten

8 RIEGEL

70 g	Kerne
100 g	Haferflocken (kernig)
130 g	Trockenfrüchte, grob gehackt
80 g	Nüsse, grob gehackt
30 g	Mehl
70 g	Honig
1	Ei
2–3 EL	Zimt (optional)

happiness

APFEL STRUDEL *Riegel*

Zubereitung

1 Backofen auf 180 °C Umluft vorheizen. **2** Haferflocken, Pinienkerne, Rosinen, Mehl und Zimt in eine Schüssel geben und gut vermischen. **3** Dann die Äpfel und die Milch dazugeben und nochmals verrühren. **4** Die Masse auf dem mit Backpapier ausgelegten Backblech ca. 1 cm hoch verstreichen. **5** Für mindestens 15 Minuten auf der untersten Schiene backen. **6** Die Masse abkühlen lassen und in Stücke schneiden.

TIPP Durch die Verwendung von Vollkorn-Dinkelmehl bekommst du mehr Ballaststoffe in den Riegel und er sättigt dich noch länger.

NÄHRWERTE ca. 226 kcal (27 g KH, 6 g Prot., 10 g Ft.)

Zutaten

8–9 RIEGEL

150 g	Haferflocken
100 g	Pinienkerne
100 g	Rosinen
50 g	Dinkel-Vollkornmehl
½ TL	Zimt
2	mittelgroße Äpfel, klein gehackt
200 g	Milch

BANANE SCHOKO *Riegel*

Zutaten

8 RIEGEL

1	große Banane, reif (160 g)
100 g	Haferflocken
50 g	Schokodrops
20 g	Mehl
35 g	Milch
20 g	Honig

Zubereitung

1 Backofen auf 180 °C Umluft vorheizen. **2** Die Banane in einer großen Schüssel mit einer Gabel gut zerdrücken, sodass ein Brei entsteht. **3** Haferflocken, Schokodrops, Mehl, Milch und Honig dazugeben und gut verrühren. **4** Die Masse ca. 2 cm dick auf ein mit Backpapier ausgelegtes Backblech streichen. **5** Die Riegel im Backofen für ca. 15–20 Minuten backen. **6** Die Masse abkühlen lassen und in Stücke schneiden.

TIPP Damit die Riegel nach Banane schmecken, müssen die Bananen sehr reif sein. Die Schale sollte schon leicht bräunlich sein.

NÄHRWERTE ca. 113 kcal (19 g KH, 3 g Prot., 3 g Ft.)

BLAUBEER JOGHURT *Riegel*

Zubereitung

1 Backofen auf 160 °C Umluft vorheizen und ein Backblech mit Backpapier auslegen. **2** Die Banane mit einer Gabel in einer großen Schüssel gut zerdrücken, bis ein Brei entsteht. **3** Mandelsplitter, Haferflocken, Joghurt, Blaubeeren und Honig zur Banane geben und gut vermischen. **4** Die Masse auf dem Backblech ca. 2 cm hoch verstreichen und gut andrücken. **5** Für ca. 15 Minuten backen. **6** Die Masse abkühlen lassen und in Stücke schneiden.

TIPP Den Joghurt kannst du je nach Geschmack variieren. Ich liebe diese Riegel mit Kokos- oder griechischem Joghurt.

NÄHRWERTE ca. 185 kcal (26 g KH, 7 g Prot., 7 g Ft.)

Zutaten

8 RIEGEL

- 100 g Banane, reif
- 80 g Mandelsplitter
- 150 g Haferflocken
- 180 g Joghurt
- 120 g Blaubeeren, tiefgekühlt
- 50 g Honig

MARILLEN MANDEL *Riegel*

Zubereitung

1 Backofen auf 180 °C Umluft vorheizen und ein Backblech mit Backpapier auslegen. **2** Die getrockneten Marillen klein hacken. **3** Alle Zutaten in einer großen Schüssel gut vermischen. **4** Die Masse auf dem mit Backpapier ausgelegten Backblech ca. 2 cm hoch verstreichen. **5** Für 10–15 Minuten auf der untersten Schiene backen. **6** Die Masse abkühlen lassen und in Stücke schneiden.

TIPP Um mehr Ballaststoffe in den Riegel zu bekommen, kannst du auch Dinkel-Vollkornmehl verwenden.

NÄHRWERTE ca. 248 kcal (36 g KH, 8 g Prot., 9 g Ft.)

Zutaten

8 RIEGEL

100 g	Marillen, getrocknet
150 g	Haferflocken
80 g	Honig
200 g	Milch
75 g	Mehl
90 g	Mandelsplitter

KARAMELL-NUSS *Riegel*

Zutaten

10 KLEINE RIEGEL

100 g	Honig
100 g	Mandeln
50 g	Cashewkerne
50 g	Walnüsse
50 g	Haselnüsse

Zubereitung

1 Backofen auf 175 °C Ober- und Unterhitze vorheizen und ein Backblech mit Backpapier auslegen. **2** Honig in der Mikrowelle für ca. 20–30 Sekunden erwärmen, damit er sich leichter verteilen lässt. **3** Mandeln, Cashews und die Nüsse grob hacken und mit dem Honig in einer Schüssel vermischen. **4** Die Masse ca. 2 cm dick auf ein Backpapier streichen. Mit einem weiteren Backpapier bedecken und fest andrücken. **5** Im Backofen für ca. 15 Minuten backen. Hitze nach 5 Minuten auf 160 °C reduzieren. **6** Die Riegel sind fertig, wenn der Honig leicht schäumt und sich goldbraun färbt. Am besten während der letzten Minuten beobachten, um zu verhindern, dass die Masse an- bzw. verbrennt. Sollte der Honig nicht schäumen, die Temperatur etwas erhöhen und länger im Backofen lassen. **7** Die gebackene Nussmasse gut trocknen lassen und dann in Stücke schneiden.

TIPP Damit der Honig karamellisiert, muss die Masse auf mindestens 150 °C erhitzt werden. Ohne das Karamellisieren halten die Riegel nicht zusammen. Sollten deine Riegel auseinanderfallen, versuche sie noch einmal zu backen.

NÄHRWERTE ca. 194 kcal (11 g KH, 5 g Prot., 14 g Ft.)

KEKSTEIG Proteinriegel

Zutaten

8 STÜCK

250 g	Kichererbsen (1 Dose)
50 g	Haferflocken
50 g	Mandeln
60 g	Medjool-Datteln
30 g	Honig
25 g	Proteinpulver, Cookies-Geschmack
1 TL	Natron
50 g	Schokolade, gehackt
40 g	Schokolade zum Überziehen

Zubereitung

1 Die Kichererbsen in einem Sieb waschen und gut trocknen. **2** Haferflocken und Mandeln mahlen. **3** Kichererbsen dazugeben und pürieren. **4** Datteln, Honig, Proteinpulver und Natron hinzufügen und nochmals pürieren. **5** Am Ende die gehackte Schokolade dazugeben und unterrühren. **6** Die Masse ca. 2 cm dick auf ein Backpapier streichen. Mit einem weiteren Backpapier bedecken und fest andrücken oder mit dem Nudelholz glätten. **7** Die Masse für 30 Minuten tiefgefrieren. **8** Schokolade im Wasserbad oder in der Mikrowelle schmelzen, die Masse in Stücke schneiden und diese mit der Schokolade überziehen.

TIPP Das Natron ist ein sehr elementarer Bestandteil dieses Rezeptes. Es verleiht den typischen Keksteig-Geschmack. Die gesunde und proteinreiche Alternative zu Keksteig.

NÄHRWERTE ca. 208 kcal (21 g KH, 6 g Prot., 10 g Ft.)

SCHOKO-ORANGE Proteinriegel

Zubereitung

1 Die Kichererbsen in einem Sieb waschen und gut trocknen. **2** Haferflocken zu Mehl mahlen und in eine kleine Schüssel füllen. **3** Kichererbsen und Datteln pürieren. **4** Schokolade hacken und 50 g davon schmelzen. **5** Kichererbsen-Dattel-Püree mit den gemahlenen Haferflocken, der geschmolzenen Schokolade, dem Honig, dem Kakaopulver, der Orangenschale und dem Orangensaft gut vermischen und kneten. **6** Am Ende die gehackte Schokolade dazugeben und unterrühren. **7** Die Masse ca. 2 cm dick auf ein Backpapier streichen. Mit einem weiteren Backpapier bedecken und fest andrücken oder mit dem Nudelholz glätten. **8** Die Masse für 30 Minuten tiefgefrieren. **9** Schokolade im Wasserbad oder in der Mikrowelle schmelzen, die Masse in Stücke schneiden und diese mit der Schokolade überziehen.

TIPP Ich verwende für dieses Rezept immer hochwertige Schokolade. Man schmeckt den Unterschied.

NÄHRWERTE ca. 246 kcal (29 g KH, 6 g Prot., 10 g Fett)

Zutaten

6 STÜCK

250 g	Kichererbsen (1 Dose)
50 g	Haferflocken
60 g	Medjool-Datteln
100 g	Schokolade (70 % Kakao)
30 g	Honig
10 g	Kakaopulver
½ TL	Orangenschale, gerieben
50 g	Orangensaft
30 g	Schokolade zum Überziehen

KOKOS-SCHOKO Proteinriegel

Zutaten

6 STÜCK

250 g Kichererbsen (1 Dose)
50 g Mandeln
80 g Medjool-Datteln
30 g Kokosflocken
80 g Proteinpulver, Kokos-Geschmack
30 g Schokolade, gehackt
30 g Schokolade zum Überziehen

Zubereitung

1 Die Kichererbsen in einem Sieb waschen und gut trocknen. **2** Mandeln im Mixer mahlen. Kichererbsen und Datteln dazugeben und pürieren. **3** Kokosflocken und Proteinpulver hinzufügen und nochmals pürieren. **4** Am Ende die gehackte Schokolade dazugeben und unterrühren. **5** Die Masse ca. 2 cm dick auf ein Backpapier streichen. Mit einem weiteren Backpapier bedecken und fest andrücken oder mit dem Nudelholz glätten. **6** Die Masse für 30 Minuten tiefgefrieren. **7** Die Schokolade zum Überziehen im Wasserbad oder in der Mikrowelle schmelzen, die Masse in Stücke schneiden und diese mit der Schokolade überziehen. **8** Die Riegel im Kühlfach aufbewahren oder über Nacht trocknen lassen.

TIPP Je feiner die Haferflocken und Mandeln gemahlen werden, umso glatter wird der Teig.

NÄHRWERTE ca. 238 kcal (21 g KH, 17 g Prot., 14 g Ft.)

ERDNUSS Proteinriegel

Zubereitung

1 Honig und Kokosöl in der Mikrowelle kurz erwärmen. **2** Mit dem Erdnussmus, dem Proteinpulver und den Schokodrops in einer Schüssel vermischen. **3** Die Masse ca. 2 cm dick auf ein Backpapier streichen. Mit einem weiteren Backpapier bedecken und fest andrücken oder mit dem Nudelholz glätten. **4** Die Masse 30 Minuten tiefgefrieren. **5** Die Masse in Riegel schneiden und diese noch kalt genießen.

TIPP Statt Erdnuss-Proteinpulver kann auch Vanille- oder Cookie-Geschmack verwendet werden.

NÄHRWERTE ca. 203 kcal (6 g KH, 12 g Prot., 14 g Ft.)

Zutaten

6 STÜCK

- 15 g Honig
- 20 g Kokosöl
- 120 g Erdnussmus
- 50 g Proteinpulver, Erdnuss-Geschmack
- 15 g Schokodrops

CRANBERRY FRUCHT Taler

Zubereitung

1 Die Cranberrys im Mixer klein hacken. **2** Die Datteln und Walnüsse dazugeben und so lange mixen, bis alles zerkleinert ist und eine homogene Masse ergibt. **3** Mithilfe eines Esslöffels jeweils einen Teil der Masse entnehmen und mit den Händen zu einer kleinen Kugel formen. **4** Jede Kugel auf eine Oblate legen, eine weitere Oblate darauflegen und mit einem Glas oder Topf flach drücken.

TIPP Fruchttaler sind sehr praktisch zum Transportieren – perfekt als Jause oder Snack für lange Ausflüge. Selbstverständlich können mit rechteckigen Oblaten auch Riegel geformt werden.

NÄHRWERTE ca. 87 kcal (14 g KH, 1 g Prot., 3 g Ft.)

Zutaten

10–12 STÜCK

- 100 g Cranberrys
- 110 g Medjool-Datteln
- 60 g Walnüsse
- 20–24 Oblaten (50 mm Ø)

TROPICAL FRUCHT Taler

Zubereitung

1 Datteln, Cashewkerne, Walnüsse, Kokosflocken und Ananassaft in einen Mixer geben und so lange mixen, bis alles zerkleinert ist und eine homogene Masse ergibt. **2** Mithilfe eines Esslöffels jeweils einen Teil der Masse entnehmen und mit den Händen zu einer kleinen Kugel formen. **3** Jede Kugel auf eine Oblate legen, eine weitere Oblate darauflegen und mit einem Glas oder Topf flach drücken.

TIPP Für einen intensiveren Geschmack einfach die Datteln mit getrockneten Ananasstücken ersetzen.

NÄHRWERTE ca. 74 kcal (7 g KH, 2 g Prot., 4 g Ft.)

Zutaten

12–14 STÜCK

100 g	Medjool-Datteln
80 g	Cashewkerne
25 g	Kokosflocken
20 g	Ananassaft
24–28	Oblaten (50 mm Ø)

Energiekugeln

DIE PERFEKTE *Energiekugel*

Energiekugeln kennt man auch unter folgenden Namen: Liebeskugeln, Müslikugeln, Energiebomben, Stilkugeln. Im Netz und in den Social Media findest du oft die englischen Begriffe Energy Balls, Bliss Balls, Nutri Balls, Protein Balls oder Power Balls.

Energiekugeln sind besonders schnell und einfach herzustellen, da sie nicht gebacken werden und es meist nur zwei Arbeitsvorgänge braucht: mixen und Kugeln formen. Sie sind richtige Energie- und Kalorienbomben, da sie hauptsächlich aus Trockenobst und Nüssen bestehen.

WIE GROSS IST DIE PERFEKTE ENERGIEKUGEL?

Die Größe der Kugeln ist Geschmackssache. Ich ziehe es vor, recht kleine Kugeln zu machen, damit man nicht abbeißen muss, und esse lieber zwei oder drei davon. Zum Mitnehmen können aber auch große Energiekugeln praktisch sein, die nicht in einem Happen verspeist sind.

WIE ERHALTEN DIE ENERGIEKUGELN IHRE PERFEKTE FORM?

Damit alle Kugeln gleich groß werden, benutze ich einen Esslöffel, mit dem ich die benötigte Menge in meine Handfläche gebe. Die Hände sollten feucht sein, damit die Kugeln perfekt rund und gleichmäßig werden.

TIPPS & TRICKS

Energiekugeln kann man mit zwei ganz einfachen Methoden verfeinern: Wünschst du dir einen knackigen Kern, kannst du eine ganze Nuss oder eine Kaffeebohne ummanteln.

Für einen zusätzlichen Geschmack bzw. einen Crunch-Effekt kannst du die Kugeln wälzen. Dazu eignen sich Kokosflocken, Kakaopulver, gehackte oder gemahlene Nüsse, Chiasamen oder Mohn. Ganz hervorragend funktioniert das auch mit gemahlenem, gefriergetrocknetem Obst.

WIE VERPACKE ICH ENERGIEKUGELN AM BESTEN?

Energiekugeln am besten in einer luftdichten Aufbewahrungsbox im Kühlschrank oder in der Tiefkühltruhe aufbewahren.

WIE LANGE SIND ENERGIEKUGELN HALTBAR?

Gut verpackt halten Energiekugeln im Kühlschrank mindestens eine Woche. Alle Kugeln können auch tiefgekühlt werden. Die perfekte Temperatur und Konsistenz zum Genießen haben sie dann normalerweise 10 bis 20 Minuten nach dem Herausnehmen aus dem Gefrierfach.

PISTAZIEN CRANBERRY Energiekugeln

Zubereitung

1 Alle Zutaten in den Mixer geben und zerkleinern, bis eine bröselige Masse entsteht. **2** Mit feuchten Händen kleine Kugeln formen. **3** Für 15 Minuten in den Kühlschrank stellen. **4** Die Kugeln schmecken kalt am besten.

TIPP Die weiße Schokolade kann man natürlich auch weglassen.

NÄHRWERTE ca. 56 kcal (6 g KH, 1 g Prot., 2 g Ft.)

Zutaten

18 KUGELN

40 g Pistazien
40 g Cranberrys
40 g Haferflocken
40 g Medjool-Datteln
40 g Schokolade, weiß

HASELNUSS KAKAO Energiekugeln

Zubereitung

1 Die Haselnüsse in einer beschichteten Pfanne rösten und abkühlen lassen. **2** Die abgekühlten Haselnüsse im Mixer mahlen. **3** Das Kakaopulver, die Datteln und den Honig dazugeben und weitermixen, bis eine klebrige Masse entsteht. **4** Jeweils eine ganze Haselnuss mit der Masse umhüllen und eine Kugel formen. **5** Im Kühlschrank aufbewahren und am besten kalt verzehren.

TIPP Ich wälze die Haselnuss-Kakao-Kugeln zusätzlich noch in ca. 20–30 g gehackten Haselnüssen. Für mehr Süße kann man ½ TL Süßungsmittel 1 : 1 dazugeben.

NÄHRWERTE ca. 82 kcal (5 g KH, 2 g Prot., 5 g Ft.)

Zutaten

14 KUGELN

- 100 g Haselnüsse
- 15 g Kakaopulver, ungesüßt
- 80 g Medjool-Datteln
- 10 g Honig
- 12 Haselnüsse zum Ummanteln

MARILLEN KOKOS Energiekugeln

Zutaten

16 KUGELN

- 70 g Marillen, getrocknet
- 20 g Kokosflocken
- 55 g Medjool-Datteln
- 40 g Mandeln

Zubereitung

1 Marillen, Kokosflocken, Datteln und Mandeln in den Mixer geben und so lange zerkleinern, bis eine bröselige Masse entsteht. **2** Mit feuchten Händen kleine Kugeln formen. **3** Für 15 Minuten in den Kühlschrank geben und am besten kalt genießen.

TIPP Die Kugeln kann man auch gut in Kokosflocken wälzen.

NÄHRWERTE ca. 42 kcal (5 g KH, 1 g Prot., 2 g Ft.)

HIMBEER MANDEL *Energiekugeln*

Zubereitung

1 Himbeeren im Mixer mahlen, Kerne absieben. **2** Mandeln und Datteln zu den Himbeeren in den Mixbecher geben und zerkleinern, bis eine bröselige Masse entsteht. **3** Mit feuchten Händen kleine Kugeln formen. **4** Kugeln für mindestens 15 Minuten in den Kühlschrank stellen und kalt essen.

TIPP Für einen Himbeer-Schokolade-Geschmack kann man noch 10 g ungesüßtes Kakaopulver hinzufügen.

NÄHRWERTE ca. 37 kcal (5 g KH, 1 g Prot., 2 g Ft.)

Zutaten

24 KUGELN

20 g Himbeeren, gefriergetrocknet
80 g Mandeln, geschält
150 g Medjool-Datteln

HIMBEER KOKOS *Energiekugeln*

Zubereitung

1 Haferflocken im Mixer mahlen. **2** Kokosflocken und Cashewkerne dazugeben und zerkleinern. **3** Himbeeren hinzufügen und zerkleinern, bis eine bröselige Masse entsteht. **4** Mit feuchten Händen kleine Kugeln formen. **5** Die Kugeln in Kokosflocken wälzen. **6** Am besten schmecken sie gekühlt.

TIPP Sie schmecken fruchtig, aber nicht süß. Wer möchte, kann noch 1 EL Süßungsmittel 1 : 1 oder 1 EL Honig dazugeben, um ihnen mehr Süße zu verleihen.

NÄHRWERTE ca. 27 kcal (2 g KH, 1 g Prot., 2 g Ft.)

Zutaten

22 KUGELN

- 60 g Haferflocken
- 30 g Kokosflocken
- 35 g Cashewkerne
- 70 g Himbeeren
- Kokosflocken zum Wälzen

ERDBEER KOKOS Energiekugeln

Zubereitung

1 Haferflocken im Mixer mahlen. **2** Haferflocken und Mandeln dazugeben und zerkleinern. **3** Erdbeeren hinzufügen und zerkleinern, bis eine bröselige Masse entsteht. **4** Mit feuchten Händen kleine Kugeln formen. **5** Die Kugeln in Kokosflocken oder Mandelmehl wälzen. **6** Am besten schmecken sie gekühlt.

TIPP Die Kugeln schmecken fruchtig, aber nicht süß. Eventuell 1 EL Süßungsmittel 1 : 1 oder 1 EL Honig dazugeben, um ihnen mehr Süße zu verleihen.

NÄHRWERTE ca. 26 kcal (2 g KH, 1 g Prot., 2 g Ft.)

Zutaten

24 KUGELN

- 50 g Haferflocken
- 30 g Kokosflocken
- 40 g Mandeln
- 80 g Erdbeeren
- Kokosflocken oder Mandelmehl zum Wälzen

FEIGEN WALNUSS Energiekugeln

Zubereitung

1 Feigen, Walnüsse, Leinsamen und Zimt in den Mixer geben. **2** Zerkleinern, bis eine bröselige Masse entsteht. **3** Mit feuchten Händen kleine Kugeln formen. **4** Für 15 Minuten in den Kühlschrank geben.

TIPP Kokosliebhaber können noch 20 g Kokosflocken hinzufügen.

NÄHRWERTE ca. 50 kcal (6 g KH, 1 g Prot., 2 g Ft.)

Zutaten

12 KUGELN

- 130 g Feigen, getrocknet und entstielt (= 5 Stück)
- 40 g Walnüsse
- 10 g Leinsamen, geschrotet
- 1 Msp. Zimt

LEBKUCHEN *Energiekugeln*

Zubereitung

1 15 g der Mandeln im Mixer mahlen, in eine kleine Schüssel umfüllen und inzwischen beiseitestellen. Die Kugeln werden später darin gewälzt. **2** Die restlichen Mandeln und die restlichen Zutaten in den Mixer geben und zerkleinern, bis eine klebrige Masse entsteht. Da die Masse sehr klebrig ist, kann es sein, dass man sie mehrmals von den Wänden des Mixers lösen und erneut zerkleinern muss. **3** Mit feuchten Händen kleine Kugeln formen. **4** Die Kugeln für ca. 30 Minuten kalt stellen. **5** In den gemahlenen Mandeln wälzen.

TIPP Knetet man eine ganze Mandel in die Mitte der Kugel ein, sorgt das für zusätzlichen Biss.

NÄHRWERTE ca. 61 kcal (7 g KH, 2 g Prot., 3 g Ft.)

Zutaten

10–12 KUGELN

75 g Mandeln
100 g Medjool-Datteln
10 g Honig
½ TL Lebkuchengewürz
½ TL Kakaopulver, ungesüßt

RUM-TRAUBE-NUSS Energiekugeln

Zutaten

10–12 KUGELN

100 g	Rosinen
40 g	Haselnüsse
3–4 g	Rum (Stroh 80)
1 EL	Kakaopulver, ungesüßt

Zubereitung

1 Alle Zutaten in den Mixer geben und zerkleinern, bis eine bröselige Masse entsteht. **2** Mit feuchten Händen kleine Kugeln formen. **3** Für 15 Minuten in den Kühlschrank geben. Die Kugeln schmecken am besten, wenn sie kühl sind.

TIPP Schokoliebhaber können 20 g dunkle Schokolade klein hacken und nach dem Mixen unter die Masse rühren.

NÄHRWERTE ca. 51 kcal (6 g KH, 1 g Prot., 2 g Ft.)

APFEL HAFERFLOCKEN Energiekugeln

Zubereitung

1 Alle Zutaten in den Mixer geben und zerkleinern, bis eine klebrige Masse entsteht. **2** Mit feuchten Händen kleine Kugeln formen. **3** Für 15 Minuten in den Kühlschrank geben. **4** Gekühlt genießen.

TIPP Für ein intensiveres Apfel-Aroma kann man statt Datteln süße getrocknete Äpfel verwenden.

NÄHRWERTE ca. 40 kcal (6 g KH, 1 g Prot., 1 g Ft.)

Zutaten

15 KUGELN

- 50 g Haferflocken
- 30 g Apfel, frisch
- 80 g Medjool-Datteln
- 30 g Walnüsse
- ½ TL Zimt

SUPER FOOD Energiekugeln

Zubereitung

1 Alle Zutaten bis auf das Wasser in den Mixer geben und 1–2 Minuten mixen. **2** Das Wasser dazugeben und nochmals einige Sekunden mixen. **3** Mit feuchten Händen kleine Kugeln formen. **4** Für 15 Minuten in den Kühlschrank geben. **5** Gekühlt genießen.

TIPP Man kann die Superfood-Kugeln in Kokosflocken oder Chiasamen wälzen.

NÄHRWERTE ca. 57 kcal (6 g KH, 2 g Prot., 3 g Ft.)

Zutaten

12–14 KUGELN

- 60 g Goji-Beeren, getrocknet
- 50 g Mandeln
- 10 g Chiasamen (= 1 EL)
- 35 g Marillen, getrocknet
- 25 g Medjool-Datteln
- 15 g Kokosflocken
- 1 EL Wasser

ZITRONE MOHN Energiekugeln

Zubereitung

1 Alle Zutaten in eine große Schüssel geben. **2** Mit einem Löffel gut verrühren. **3** Für mindestens 15 Minuten kalt stellen. **4** Mit feuchten Händen kleine Kugeln formen. **5** Gleich genießen oder im Kühlschrank aufbewahren.

TIPP Die Masse unbedingt im Kühlschrank rasten lassen, damit die Haferflocken den Zitronensaft einziehen können.

NÄHRWERTE ca. 72 kcal (5 g KH, 4 g Prot., 5 g Ft.)

Zutaten

20 KUGELN

80 g	Haferflocken
20 g	Mohnsamen, ganz
30 g	Proteinpulver, Vanille-Geschmack
50 g	Cashewkerne
20 g	Nussmus
2 TL	Zitronenschale
80 g	Zitronensaft

KAFFEE CBD Kugeln

Zutaten

15 KUGELN

100 g	Mandeln
5–6	Medjool-Datteln
15 g	Kakaopulver, ungesüßt
10–15 g	Espresso
8 Tropfen	CBD-Hanföl

Zubereitung

1 Mandeln fein mahlen. **2** Datteln, Kakaopulver, Espresso und CBD-Tropfen dazugeben und mixen, bis eine glatte Masse entsteht. **3** Mit den Händen walnussgroße Kugeln formen und kalt stellen. **4** In etwas Kakaopulver rollen.

TIPP Das CBD soll das Koffein verträglicher machen, die Nervosität schwächen und die mentale Wachsamkeit verlängern.

NÄHRWERTE ca. 63 kcal (5 g KH, 2 g Prot., 4 g Ft.)

Herzhafte Snacks

PIZZA Häppchen

Zubereitung

1 Backofen auf 180 °C Ober- und Unterhitze vorheizen und ein Backblech mit Backpapier auslegen. **2** Den Parmesan reiben und die Tomaten und Oliven klein hacken. **3** Alle Zutaten in eine große Schüssel geben und mit einem Löffel gut verrühren. **4** Auf dem Backblech mit 2 Esslöffeln kleine Häufchen formen. **5** Im vorgeheizten Backofen für 10–12 Minuten backen. **6** Die Häppchen auskühlen lassen und am besten noch knusprig essen.

TIPP Ich liebe die Kombination von Kürbiskernen, Sonnenblumenkernen und Leinsamen. Den Körner-Mix kannst du aber ganz nach deinem Geschmack zubereiten.

NÄHRWERTE ca. 63 kcal (2 g KH, 6 g Prot., 4 g Ft.)

Zutaten

30 STÜCK

100 g	Parmesan
30 g	Tomaten, getrocknet
40 g	schwarze Oliven
30 g	Körner-Mix (z. B. Kürbis- und Sonnenblumenkerne, Leinsamen)
70 g	Haferflocken
1–2 EL	Oregano
1	Ei

Zucchini Häppchen

Zutaten

MIN. 30 STÜCK

250 g	Zucchini
100 g	Parmesan
100 g	Haferflocken
2	Eier
1 Msp.	Salz

Zubereitung

1 Backofen auf 160 °C Umluft vorheizen und ein Backblech mit Backpapier auslegen. **2** Die Zucchini und den Parmesan grob reiben und in eine große Schüssel geben. **3** Die Haferflocken, die Eier und das Salz dazugeben und alles gut mit einem Löffel vermischen. **4** Auf einem Backblech mit 2 Esslöffeln Häufchen formen. **5** Für 25 Minuten im vorgeheizten Backofen auf der untersten Schiene goldbraun backen. **6** Gleich genießen oder im Kühlschrank aufbewahren.

TIPP Diese Häppchen kann man mit allerlei zusätzlichen Zutaten variieren. Mir schmecken sie am besten mit Thunfisch (2 kleine Dosen). Auch die Variante mit 20 g Kürbiskernen und 50 g getrockneten Tomaten ist lecker.

NÄHRWERTE ca. 61 kcal (2 g KH, 5 g Prot., 4 g Ft.)

PROTEIN Cracker

Zutaten

1 BLECH

200 g	Kichererbsenmehl
½ EL	Kräuter (Rosmarin, Thymian)
1 TL	Salz
10 ml	Olivenöl
80–90 ml	Wasser

Zubereitung

1 Den Backofen auf 180 °C Ober-/Unterhitze vorheizen. **2** Kichererbsenmehl, Kräuter und Salz in einer mittelgroßen Schüssel verrühren. **3** Pflanzenöl und Wasser in einer Tasse verrühren und zu den anderen Zutaten leeren. **4** Alles gut miteinander verkneten, sodass der Teig geschmeidig wird. **5** Den Teig auf einem Backpapier sehr dünn ausrollen. Da der Teig leicht klebrig ist, das Nudelholz anfeuchten oder ein zweites Backpapier dazwischen legen. **6** Mit einem angefeuchteten Messer Rauten oder Rechtecke in den dünnen Teig schneiden. Evtl. mit einer Gabel kleine Löcher machen und eine Prise Salz darüberstreuen. **7** Die Cracker im vorgeheizten Ofen für min. 20 Minuten backen, bis sie leicht gebräunt sind. **8** Die Protein-Cracker gut auskühlen lassen und luftdicht lagern, damit sie knusprig bleiben.

TIPP Das Kichererbsenmehl kann man aus rohen, getrockneten Kichererbsen selbst mahlen.

NÄHRWERTE für 5 Stk. ca. 40 kcal (5 g KH, 2 g Prot., 1 g Ft.)

SUPER FOOD Cracker

Zubereitung

1 Den Backofen auf 170 °C Ober-/Unterhitze vorheizen. **2** Die Kürbis- und Sonnenblumenkerne klein hacken. **3** Alle Zutaten vermischen und zu einem glatten Teig kneten. **4** Den Teig auf ein Backpapier geben und mit dem Nudelholz den Teig so dünn wie möglich ausrollen. **5** Mit einem Messer Quadrate oder Rauten in den dünnen Teig schneiden. **6** Im Backofen für ca. 30–40 Minuten backen. **7** Die Cracker noch einige Stunden trocknen lassen.

TIPP Für den Körner-Mix habe ich hier Sonnenblumen- und Kürbiskerne mit Chiasamen, Leinsamen und Sesam gemischt.

NÄHRWERTE für 5 Stk. ca. 84 kcal (5 g KH, 4 g Prot., 5 g Ft.)

Zutaten

1 BLECH

175 g Körner-Mix (z. B. Kürbis- und Sonnenblumenkerne mit div. Samen)
150 g Vollkornmehl
10 g Olivenöl
150 g Wasser
1 TL Salz

FRISCHKÄSE CRANBERRY *Kugeln*

Zubereitung

1 Frischkäse, Gouda, Cranberrys und Petersilie in einer Schüssel verrühren und mit Salz und Pfeffer abschmecken. **2** Die Schüssel für ca. 30 Minuten in den Kühlschrank stellen. **3** In der Zwischenzeit die Nüsse fein hacken. **4** Aus der Frischkäsemasse 30 kleine Kugeln formen und diese in den gehackten Nüssen wälzen. **5** Erneut für mindestens 30 Minuten kalt stellen. **6** In jede Kugel eine halbe Salzstange stecken und auf einer Platte servieren.

TIPP Man kann die Salzstangen auch weglassen. Ich empfehle, die Salzstangen erst kurz vor Verzehr hineinzustecken, da sie aufweichen. Zum Garnieren eignen sich auch Walnüsse oder Mandeln.

NÄHRWERTE ca. 56 kcal (2 g KH, 3 g Prot., 14 g Ft.)

Zutaten

30 STÜCK

350 g	Frischkäse
100 g	Gouda, gerieben
70 g	Cranberrys, fein gehackt
3 EL	Petersilie, gehackt
	Salz, Pfeffer
70 g	Pekannüsse
15	Salzstangen

Knuspermüsli, Schokoladiges & Co.

GRANOLA

KNUSPER Müsli

Zubereitung

1 Den Backofen auf 160 °C Ober- und Unterhitze vorheizen und ein Backblech mit Backpapier auslegen. **2** Die Rosinen oder Cranberrys für mindestens 10 Minuten in heißem Wasser einweichen, damit sie später nicht anbrennen. **3** Kokosfett und Honig in einem kleinen Topf bei mittlerer Hitze erwärmen, bis der Honig flüssig ist. **4** Die Haferflocken, Kürbiskerne und Walnüsse in eine große Schüssel füllen und gut mit den abgetropften Rosinen oder Cranberrys und der Kokos-Honig-Mischung vermengen. **5** Die Masse auf einem Backblech ausbreiten und für 15 Minuten auf der untersten Schiene backen. **6** Nach 10 Minuten mit einem Löffel umrühren. **7** Einige Stunden auskühlen und trocknen lassen und dann in Gläser füllen.

TIPP Je mehr Honig, desto knuspriger wird das Müsli. Gibt man 1 TL Zimt dazu, erhält man das perfekte Weihnachts-Müsli.

NÄHRWERTE ca. 159 kcal (15 g KH, 3 g Prot., 9 g Ft.)

Zutaten

14 PORTIONEN ZU 30 G

- 75 g Rosinen oder Cranberrys
- 20 g Kokosfett
- 80 g Honig
- 150 g Haferflocken, kernig
- 30 g Kürbiskerne
- 125 g Walnüsse, gehackt

SCHOKO KNUSPER Müsli

Zubereitung

1 Den Backofen auf 160 °C Ober- und Unterhitze vorheizen und ein Backblech mit Backpapier auslegen. **2** Die Mandeln grob hacken. **3** Die Mandeln mit den Haferflocken, der gepufften Quinoa, den Sonnenblumenkernen und dem Kakao vermischen. **4** Honig mit dem Kokosfett etwas erwärmen, um eine flüssigere Konsistenz zu erhalten, und mit den trockenen Zutaten vermengen. **5** Auf dem Backblech ausbreiten und für 15 Minuten backen. **6** Nach 10 Minuten umrühren. **7** Das Schokogranola gänzlich abkühlen lassen und dann die Schockochips hinzugeben.

TIPP Statt gepuffter Quinoa kann man auch gepufften Amaranth verwenden.

NÄHRWERTE ca. 138 kcal (14 g KH, 4 g Prot., 7 g Ft.)

Zutaten

17 PORTIONEN ZU 30 G

- 100 g Mandeln
- 150 g Haferflocken
- 50 g Quinoa, gepufft
- 30 g Sonnenblumenkerne
- 30 g Kakaopulver, ungesüßt
- 100 g Honig
- 20 g Kokosfett
- 50 g Schokochips

PROTEIN Brownies

Zubereitung

1 Backofen auf 150 °C Umluft vorheizen. **2** Die Datteln im Mixer pürieren. **3** Kidneybohnen gut waschen, trocknen und mit den Datteln pürieren. **4** Protein-, Kakao- und Backpulver sowie Kokosfett, Wasser und Eigelb dazugeben und zu einem glatten Teig mixen oder verrühren. **5** Das Eiweiß zu Eischnee schlagen und unterheben. **6** Den Teig ca. 3–4 cm hoch in eine rechteckige Backform füllen. **7** Die Brownies im Ofen ca. 30–40 Minuten lang backen. Mit einem Zahnstocher oder Holzspieß kann man an der höchsten Stelle des Teiges testen, ob die Brownies fertig sind: Haften nach dem Herausziehen noch Teigreste daran, müssen die Brownies noch im Ofen bleiben.

TIPP Für noch mehr Süße 1 EL Süßungsmittel 1 : 1 dazugeben. Auch kleine Schokostückchen schmecken gut.

NÄHRWERTE ca. 110 kcal (14 g KH, 7 g Prot., 2 g Ft.)

Zutaten

CA. 8 STÜCK

- 100 g Medjool-Datteln
- 200 g Kidneybohnen (1 Dose)
- 30 g Proteinpulver, Schokolade-Geschmack
- 30 g Kakaopulver, ungesüßt
- 5 g Backpulver
- 5 g Kokosfett
- 70 ml Wasser
- 1 Ei, getrennt

KAROTTEN PROTEIN Schokokuchen

Zubereitung

1 Backofen auf 150 °C Umluft vorheizen. **2** Bohnen abwaschen, gut trocknen und in einem Mixer pürieren. **3** Mit den Eiern und dem Kokosfett aufschlagen. **4** Proteinpulver, Kakaopulver, Honig, Backpulver und Wasser dazugeben und gut verrühren. **5** Die Karotten fein raspeln oder mixen und unter die Masse rühren. **6** Die Kuchenform mit Backpapier auslegen und den Teig hineinleeren. **7** Den Kuchen im vorgeheizten Backofen ca. 35 Minuten backen.

TIPP Man kann zusammen mit den Karotten 50 g Schokotröpfchen unter die Masse rühren. Wer den Kuchen mehr süßen möchte, kann 2–3 EL Süßungsmittel 1 : 1 hinzugeben.

NÄHRWERTE ca. 95 kcal (7 g KH, 7 g Prot., 4 g Ft.)

Zutaten

CA. 12 STÜCK (TORTENFORM Ø 20 CM)

- 250 g Borlotti-Bohnen (1 Dose)
- 2 Eier
- 25 g Kokosfett
- 50 g Proteinpulver, Schokolade-Geschmack
- 30 g Kakaopulver, ungesüßt
- 50 g Honig
- 8 g Backpulver (½ Pkg)
- 50 g Wasser
- 250 g Karotten

PROTEIN Schokomousse

Zubereitung

1 Das Eiweiß steif schlagen, dann Kakaopulver und Süßungsmittel kurz mitrühren. **2** Mit einem Löffel mit dem Quark und den Schokodrops vermengen. **3** Schmeckt am besten kalt.

TIPP Für einen noch intensiveren Geschmack 1 TL Rum dazugeben.

NÄHRWERTE ca. 217 kcal (12 g KH, 23 g Prot., 6 g Ft.)

Zutaten

2 PORTIONEN

80 g	Eiweiß bzw. Eiklar von 3 Eiern
30 g	Kakaopulver, ungesüßt
30–40 g	Süßungsmittel 1 : 1
250 g	Magerquark
20 g	Schokodrops

SCHOKO Obstpudding

Zubereitung

1 Die Birnen und die Avocado schälen und in Stücke schneiden. **2** Birnen, Avocado und Rosinen mit dem Kakaopulver und Wasser pürieren. **3** Den so entstandenen Obstpudding in 4 Gläser füllen und für mindestens 30 Minuten kalt stellen. **4** Walnüsse hacken und über den Obstpudding streuen.

TIPP Mit einer zusätzlichen Banane wird der Pudding noch cremiger und schmeckt super. Statt Rosinen verwende ich auch gerne Datteln, um mehr Süße in den gesunden Pudding zu bekommen.

NÄHRWERTE ca. 167 kcal (21 g KH, 3 g Prot., 8 g Ft.)

Zutaten

4 KLEINE GLÄSER

- 2 Williamsbirnen, reif
- ½ Avocado
- 30 g Rosinen
- 20 g Kakaopulver
- 50 g Wasser
- 20 g Walnüsse

ERDBEER Quarkcreme

Zubereitung

1 Die Erdbeeren waschen, Blätter entfernen und in den Mixer geben. **2** Den Magerquark und das Süßungsmittel zu den Erdbeeren geben und so lange mixen, bis eine cremige Masse entsteht. **3** In zwei Gläser füllen und sofort genießen oder kalt stellen.

TIPP Schmeckt am besten frisch gemixt, wenn gekühlter Magerquark verwendet wurde.

NÄHRWERTE ca. 120 kcal (11 g KH, 16 g Prot., 0 g Ft.)

Zutaten

2 PORTIONEN

200 g Erdbeeren, frisch
250 g Magerquark
15 g Süßungsmittel 1 : 1

FIT Colada

Zubereitung

1 Ananas aus der Dose nehmen und gut abtropfen lassen. **2** Abgetropfte Ananas, Magerquark und Proteinpulver in den Mixer geben und so lange mixen, bis eine homogene Masse entsteht. **3** In ein Trinkglas füllen und sofort genießen oder kalt stellen.

TIPP Man kann auch frische Ananas verwenden. Allerdings sollte sie sehr reif sein, damit das Proteingetränk süß schmeckt.

NÄHRWERTE ca. 282 kcal (29 g KH, 36 g Prot., 2 g Ft.)

Zutaten

2 PORTIONEN

250 g Ananas aus der Dose
250 g Magerquark
50 g Proteinpulver, Kokos-Geschmack

BANANEN Taler

Zubereitung

1 Den Backofen auf 180 °C Umluft vorheizen und ein Backblech mit Backpapier auslegen. **2** Die Rosinen für mindestens 10 Minuten in heißem Wasser einweichen. **3** Die Bananen mit einer Gabel gut zerdrücken, bis ein Brei entsteht. **4** Alle Zutaten in einer Schüssel vermischen. **5** Mit zwei Gabeln Taler formen und auf ein Backblech legen. **6** Die Bananen-Taler für ca. 25 Minuten auf der untersten Schiene backen.

TIPP Ich liebe diese Taler als Frühstück oder als Jause. Für einen fruchtigeren Geschmack ersetze ich die Rosinen mit Cranberrys oder frischen Beeren. Schokoliebhaber können statt der Rosinen Schokodrops dazugeben.

NÄHRWERTE ca. 170 kcal (26 g KH, 4 g Prot., 5 g Ft.)

Zutaten

6 STÜCK

40 g	Rosinen
2	Bananen, sehr reif
120 g	Haferflocken
30 g	Walnüsse
70 g	Milch
1 EL	Honig

QUARK Brötchen

Zubereitung

1 Backofen auf 160 °C Umluft vorheizen und ein Backblech mit Backpapier auslegen. **2** Den Magerquark und das Ei in einer mittelgroßen Schüssel mit einem Esslöffel verrühren. **3** Mehl, Salz, Backpulver, Wasser und die Walnüsse dazugeben und gut verkneten. **4** Mit feuchten Händen 6 Brötchen formen (ca. 70–75 g pro Stück), je eine Walnuss daraufgeben und auf ein Backblech legen. **5** Für 25 Minuten im vorgeheizten Backofen goldbraun backen.

TIPP Die Brötchen schmecken auch mit Kürbiskernen oder Sonnenblumenkernen, eignen sich für einen süßen oder salzigen Belag und lassen sich gut einfrieren.

NÄHRWERTE ca. 145 kcal (14 g KH, 9 g Prot., 5 g Ft.)

Zutaten

6 STÜCK

250 g	Magerquark
1	Ei
100 g	Mehl
½ TL	Salz
1 Msp.	Backpulver
1 EL	Wasser
40 g	Walnüsse, grob gehackt
6	Walnusskerne

VIELEN Dank

Zur Verwirklichung meines ersten Buches haben einige Menschen einen großen Teil beigetragen.
Ein großes Dankeschön an

- meinen Mann Gunnar, der mir immer eine ehrliche Rückmeldung zu den „Prototypen" gab und viele Stunden auf mich verzichten musste, weil ich sie in der Küche und beim Fotografieren verbrachte.
- meine Eltern Gerold und Rosie, die mich bei allem, was ich mache, unterstützen und immer für mich da sind.
- meine Freundin Sylvia, die mich auf die Idee brachte, dieses Kochbuch zu schreiben.
- meine Schwester Vera, die von Anfang an mitdachte, mich unterstützte und für das außergewöhnlich tolle Layout verantwortlich ist.
- meine Freundinnen Verena, Petra und Marlies, die meine Rezepte im Vorfeld ausprobierten und mir konstruktive Rückmeldung gaben.
- meine Projektbetreuerinnen im Verlag, Eva und Magdalena, die mich ins Autorenleben einführten, mir stets Tipps und tolle Anregungen gaben und sich darum kümmerten, dass mein Manuskript druckfertig wurde.
- Jürgen von der Franziskanerbäckerei, der von Anfang an an dieses Buch und Projekt glaubte und es auch finanziell unterstützte.

ZUR AUTORIN
Petra Rehbichler

Petra Rehbichler lebt mit ihrem Mann im Südtiroler Dorf Kaltern. Sie arbeitet als Grundschullehrerin und gibt Volleyball- und Turnkurse für Kinder. Petra hält sich in ihrer Freizeit mit Volleyball, Tennis, Skifahren, Golfen, Laufen und Badminton fit. Durch ihre Leidenschaft für gutes Essen verbringt sie viel Zeit in der Küche und experimentiert mit neuen, gesunden und leckeren Rezepten. Deshalb hat sie während ihres Studiums für Bildungswissenschaften die Fachschule für Hauswirtschaft und Ernährung in Haslach besucht und dort erstmals Quinoa, Chiasamen und Goji-Beeren kennengelernt.
Mehr Infos und Rezepte unter www.fit-snacks.it

IMPRESSUM

2. Auflage 2023
© Edition Raetia, Bozen 2021
Alle Rechte vorbehalten

ISBN 978-88-7283-758-0

Projektleitung und Lektorat: Eva Simeaner, Magdalena Grüner
Korrektur: Helene Dorner, Gertrud Matzneller
Grafisches Konzept und Covergestaltung: Vera Rehbichler
Druckvorstufe: Typoplus
Coverbild und Autorenfoto: Klaus Peterlin
Alle weiteren Fotos: Petra Rehbichler

Printed in Europe

www.fit-snacks.it
petraining

Für Fragen und Anregungen: info@raetia.com / petra@rehbichler.it
Unseren Gesamtkatalog finden Sie unter www.raetia.com.

HINWEIS: Bei Thermomix® handelt es sich um eine eingetragene Marke von Vorwerk. Es bestehen keine geschäftlichen Beziehungen zu Vorwerk. Die Autorin und der Verlag sind bestrebt, in dieser Publikation die Urheberrechte der Firma Vorwerk nicht zu verletzen. Die verwendeten Grafiken und Texte stehen in keinem Zusammenhang mit der Firma Vorwerk.